Caroline Eliès

Bipolaire au quotidien, ma vie en alexandrins

Caroline Eliès

Bipolaire au quotidien, ma vie en alexandrins

Éditions Muse

Imprint

Any brand names and product names mentioned in this book are subject to trademark, brand or patent protection and are trademarks or registered trademarks of their respective holders. The use of brand names, product names, common names, trade names, product descriptions etc. even without a particular marking in this work is in no way to be construed to mean that such names may be regarded as unrestricted in respect of trademark and brand protection legislation and could thus be used by anyone.

Cover image: www.ingimage.com

Publisher:
Éditions Muse
is a trademark of
Dodo Books Indian Ocean Ltd. and OmniScriptum S.R.L publishing group

120 High Road, East Finchley, London, N2 9ED, United Kingdom
Str. Armeneasca 28/1, office 1, Chisinau MD-2012, Republic of Moldova, Europe
Printed at: see last page
ISBN: 978-620-4-96229-0

Bipolaire au quotidien, ma vie en alexandrins

Coeur inutile

De quoi doncques me sert cet organe cardiaque ?
Il n'est plus qu'une pompe, un vulgaire cloaque
Qui, inlassablement, redéverse le fiel
Qu'est devenu mon sang, dans mon antre charnelle.

Vous mes deux oreillettes, vous mes deux ventricules,
Voyez donc à quel point vous êtes ridicules...
Mon fleuve continue de charrier ses toxines
Et vous les recevez en vos quatre bassines.

Une crosse aortique, une veine jugulaire
Une artère carotide, que cela est vulgaire...
Un myocarde atrophié, un terme médical,
Mon coeur est devenu une glande lacrymale.

A force de blessures et de coups de poignard,
A force de fractures et de coups du hasard,
Il en a oublié sa fonction primitive
Que je n'ose nommer tant la douleur est vive.

Ô toi mon coeur, mon âme, toi ma source de vie
A quoi te sert de battre s'il te manque l'envie ?
A quoi bon t'essouffler puisque tu es si lourd ?
A quoi bon palpiter si ce n'est pour l'amour ?

Evolution

Entourée de vergers et de vertes prairies
Surmontée d'un ciel bleu, de quelques éclaircies
Aérée par le vent un peu frais de novembre
Les narines flattées par un doux parfum d'ambre.

Je ne vois que du vert, du brun autour de moi
Les arbres, les fougères s'en donnent à coeur joie
Se laissant caresser par les doux doigts d'Eole
Leurs feuilles s'abandonnent, divine farandole.

Que l'on se sent petit face à l'immensité
Du Ciel, du Vent, des Mers, de l'Univers entier...
L'homme qui se prétend, par son intelligence,
Etre le roi du Monde, manque de clairvoyance.

Toi, minuscule humain, climax évolutif ?
Sais-tu que ton passage ici n'est que furtif ?
Ton extinction est proche, tu l'as toi-même créée
En détruisant le nid qui t'a été donné.

L'odeur de la passion

Comme il est fier et droit, cet homme qui s'avance
Confiant et sûr de lui, du haut de sa puissance,
Tous ses muscles tendus et son torse bombé,
Parfaite incarnation de la virilité.

Nu de la tête aux pieds, sans aucune pudeur,
Il s'approche et déjà me parvient son odeur,
Mélange de parfum et de transpiration
Cette senteur divine évoque la passion.

Cette époque bénie des premiers mois d'amour
Où l'on s'étreint partout, chaque nuit, chaque jour
Où l'on se croit élus, sur un petit nuage
On voudrait que jamais ne cesse ce voyage.

Nous l'avons tous vécu, j'en suis sûre, vous et moi
Qui n'a jamais plongé son visage plein d'émoi
Dans un tee-shirt usé ou dans un oreiller
Espérant y trouver l'odeur de l'être aimé ?

L'Art

Moi naguère insensible à toute forme d'Art
La peinture, pardon ? La sculpture, bizarre...
Je vivais biologie, science et mathématique
Tout devait obéir aux lois de la physique.

Mon esprit cartésien pensait que la chimie
M'éclairerait enfin sur le sens de la vie
Le noyau cellulaire, l'appareil de Golgi
L'estérification et les mitochondries

Tout ce vocabulaire ténébreux, biochimique
Etait mon quotidien, ma membrane plasmique.
J'obtins donc ma licence, qui ne répondit pas
A l'interrogation : "Oui, je vis, mais pourquoi ?"

C'est alors que ma mère eut la lucidité
De reconnaître enfin ma vraie réalité
En m'offrant le plus beau des cadeaux qu'on m'ait fait
J'eus pour mes 25 ans, oui un piano, un vrai.

J'en étais si émue que je n'osais toucher
De mes doigts scientifiques cet antique clavier.
Soudain mes souvenirs affluèrent alors :
Sur mon vieux Bontempi quelques premiers accords,

L'engouement suscité par "Phèdre" de Racine
L'amour de Baudelaire, qui toujours me fascine,
Tout mon être criait : " Au diable la chimie !
Ressuscitons Dali, Rodin, Albinoni !"

L'Art n'est pas nécessaire, il est obligatoire
Il n'est ni inutile, ni superfétatoire
Car il différencie l'homme du bonobo
En extirpant de lui ce qu'il y a de plus beau.

Bipolaire

Je sais depuis longtemps que je suis alcoolique
Mais l'on m'a récemment posé un diagnostic :
Il paraît que je souffre d'un trouble bipolaire
Ma psychiatre l'affirme, selon elle c'est très clair.

Mais ça l'est beaucoup moins en ce qui me concerne
Un désordre mental ? Allons donc, balivernes !
Ne voulant pas y croire mais n'ayant pas le choix
Je prends mon traitement sans trop savoir pourquoi.

J'ai d'abord ressenti un bref soulagement
Mon mal avait un nom, il existait vraiment.
Mais quelques mois plus tard, c'est le chaos total
Ma vie s'est transformée en un gouffre abyssal :

Mon enfant est parti, mon mari m'a quittée
Mon grand petit m'ignore, je n'ai plus de foyer
Mon corps est balafré, lardé de cicatrices
Des poignets aux épaules, des chevilles aux cuisses.

Le pire dans tout ça, c'est que j'ai l'impression
D'avoir une étiquette collée là sur le front
Où le mot "BIPOLAIRE" en lettres majuscules
Est écrit noir sur blanc, "Attention, on recule !"

Je suis assimilée à une maladie
Dès lors je ne sais plus réellement qui je suis
Toutes mes émotions et tous mes sentiments
Ne sont-ils que le fruit de mes médicaments ?

Cette pathologie, quand donc apparut-elle ?
Comment puis-je savoir qui tire les ficelles ?
Sachant que l'alcoolisme a tout parasité
Putain d'bordel de merde, où est ma liberté ?!

La vie est un roman

Notre vie est un livre, un roman d'aventures
Notre jour de naissance en est la couverture
Sur celle-ci figure notre prénom : le titre
Nos parents en écrivent les premiers chapitres.

Commence alors l'intrigue, le début de la trame
Que va-t'il se passer dans notre mélodrame ?
Apprenant l'alphabet, les premières syllabes
Que ce soit en français, en grec ou en arabe

Déjà nous savons lire, écrire quelques phrases
Nous guidons notre craie sur une vieille ardoise
A nous la liberté, nous devenons auteurs
De notre propre vie serons le narrateur.

Pour autant, nous ne sommes pas maîtres de l'histoire
Car nul ne peut prédire l'avenir et savoir
Si la page suivante de notre manuscrit
Sera immaculée ou de noir assombrie.

Parfois nous souffrirons, butant sur l'orthographe
Peinant à terminer un maudit paragraphe
Où fleurissent multiples points d'interrogation
Qui restent sans réponse : des points de suspension...

Quelques alinéas seront en majuscules
D'autres bien au contraire, en pâles minuscules.
Quand nous nous sentirons sourds, aveugles et indignes
Nous écrirons en braille ou en langue des signes.

Nous voudrions pouvoir mettre entre parenthèses
Quelques mots assassins, qu'ils ne soient qu'hypothèses
Effacer nos brouillons, gommer nos hiéroglyphes
Oublier le passé, vivre l'indicatif.

Cessons du mot "déçu" nous croire la cédille
Enlevons les deux points sur les i d'une aiguille
Et du mot "châtiment", ôtons le circonflexe
Notre récit étant déjà assez complexe.

Oublions les trémas, virgules et guillemets
Donnons à notre plume un air guilleret
Que chantent les voyelles, résonnent les consonnes
Faisons de notre vie un roman qu'on fredonne.

Car nous n'en avons qu'un, un seul à rédiger
Choisissons bien nos mots, et ce jusqu'au dernier
Ce texte épistolaire, cette littérature
Ce précieux document est notre signature.

Ras le bol

Je suis désemparée, ne sais plus quoi écrire
Je croyais aller mieux mieux mais en fait ça empire
Depuis que j'ai appris que ma psychiatre était
Aussi perdue que moi, alors que je pensais

Qu'elle m'avait cernée, traitée comme il se doit
Or elle est dans le flou plus total qui soit.
Qui plus est, nous allons devoir subir l'absence
De notre psychologue, nous avions sa confiance.

Je suis trop sur les nerfs pour pouvoir dialoguer
Avec mon ex-époux, je ne sais qu'agresser.
Je ne sais pas pourquoi l'accordeur est venu
Auprès de mon piano je suis la malvenue.

Or si mes instruments, mon stylo, ma guitare
Ne veulent plus de moi, il est déjà trop tard...
Je sombre dans mon gouffre et réponds à l'appel
De mon pire travers et rachète un scalpel.

Et puis d'ailleurs au diable ces médicaments
Qui ne servent à rien car manifestement
Je ne fais que subir leurs effets secondaires
Je ne suis pas malade, ne suis pas bipolaire.

Je ne fais plus confiance à personne qu'à moi
Ni mon mari, ma psy, ni quiconque ce soit.
Je resterai maîtresse de ma destinée
Quitte à ne pas savoir où ça va me mener.

J'en avais ras le bol de ces prises de sang
Vérifiant le dosage de mon traitement
Alors stop, j'arrête et prends la liberté
De retrouver mon Moi, celle que j'ai été.

La seule cure valable, c'est moi qui l'ai trouvée
Sans l'aide de personne, elle était là, innée
L'amour de la musique et de la poésie
Est inscrit dans mes gènes et me maintient en vie.

Troquet

L'ambiance d'un bistrot, je l'avoue, me manquait
Me voilà accoudée au comptoir d'un troquet
C'est le petit matin, je commande un café
Le bar est presque plein, de papys, d'ouvriers.

Tout le monde se connaît, se salue et plaisante
Le barman, la serveuse, les piliers, les clientes
L'odeur des croissants frais et des p'tits cafés crème
Atmosphère oubliée, retrouvée, et que j'aime.

Je reprends un café lorsque les travailleurs
Partent pour leur journée de long et dur labeur.
Je sympathise avec les quelques retraités
Discutant joyeusement avec Marcel, René...

Un troisième café, il est 9h et demie
J'attends impatiemment l'arrivée d'un ami
Je tape la causette avec les employés
Pour patienter je sors mon stylo, mon cahier.

Mais je n'ai pas d'idées, je rature et m'énerve
Je sens monter l'envie que le barman me serve
Quelque chose de plus fort, je redeviens junkie
Il est 10h du mat' et je prends un whisky...

Ben bravo Caroline, aucune résistance
Mais qu'est-ce que tu croyais ? C'était couru d'avance
Tu t'es jetée toi-même dans la gueule du loup
Alors que tu sais bien qu'il te fait les yeux doux

Tu es entrée chez lui, dans son fief, dans son antre
T'as voulu le défier, lui caressant le ventre
Lui grattant le menton, chatouillant ses oreilles
Mais dans le petit chat, la panthère sommeille.

Et bien évidemment, il a sorti les crocs
"Tiens donc mais qui voilà ? Ma petite Caro...
Vas-y fais la maline, faisons un bras de fer
Tu sais pourtant très bien qu'à chaque fois tu perds..."

Alors oui, j'ai joué et je n'aurais pas dû
Parce que forcément, forcément j'ai perdu
Je suis bien trop charmée par ton chant de sirène
J'aurais dû comme Ulysse, me lier par des chaînes

Me boucher les oreilles, être sourde à tes cris
Et ne plus écouter ta foutue plaidoirie
Sous tes dehors mielleux, aguicheurs et affables
Se cache un procureur et l'avocat du diable.

Friche

Je sème le malheur, le chagrin, la colère
Tout ce que je construis est bon à foutre en l'air
Ma vie n'est qu'une suite de châteaux de sable
Dans lesquels je shoote dès qu'ils paraissent stables.

Je plante quelques graines, prends soin de leurs plantules
Mais à peine germées, je deviens tarentule
Et dévore ce champ de mes fines mâchoires
Je suis une mygale, pire, une veuve noire.

Ma vie est une friche, emplie de mauvaise herbe
Elle aurait pourtant pu être belle, superbe
Car elle était bâtie sur un terreau fertile
Par ma stupidité, je l'ai rendue stérile.

Mes arbustes chéris ont planté leurs racines
Dans une autre patrie, loin de ma terre en ruine
Cette jachère sèche, aride et inféconde
Perdue au beau milieu d'une planète immonde.

L'avion

L'avion de ma vie, pris dans les turbulences
Ne sait plus où il va, planant dans le silence
Ballotté par les vents de mes humeurs changeantes
Sa trajectoire vacille, hésite, chancelante.

Il monte en altitude, au-dessus des nuages
Dans l'immensité bleue mais ce n'est qu'un mirage
Car il ne tarde pas à tomber en piqué
Son pilote épuisé a déjà abdiqué.

Il finira sans doute un jour par se crasher
Comme un vieux canadair ayant largué, lâché
Ses trombes d'eau de pluie et ses torrents de larmes
Vidé, écrabouillé dans un sombre vacarme.

Et si jamais quelqu'un trouve ma boîte noire
Et qu'il cherche à combler les trous de ma mémoire
Essayant vainement de s'expliquer ma chute
Dites-lui simplement : "Tais-toi, elle dort, chut..."

Usée

Je ne fais que dormir et je suis épuisée
Douze heures de sommeil et je me sens usée
Comme une vieille chaussette, essorée, filandreuse
Solitaire, orpheline, esseulée, malheureuse.

Oubliée dans le fond du bac à linge sale
N'ayant plus de couleurs, ou alors bien trop pâles
Je regarde d'un oeil nostalgique et envieux
Les autres vêtements, utiles et joyeux.

Moi je suis un torchon, usé jusqu'à la trame
A force d'éponger, d'essuyer tant de drames
Percé de trop de trous, je n'absorbe plus rien
Que le chagrin des autres, pour oublier le mien.

Frottez vos godillots sur mon humble carpette
Et pansez vos blessures sur ma grande serviette
Puisque je ne sais pas soigner mes cicatrices
Servez-vous donc de moi, que les vôtres guérissent.

Vide

Je suis là égarée, isolée dans le vide
Cherchant une oasis dans ce désert aride
Qu'est devenue ma vie, je me sens apatride
Car même en ma maison, plus rien ne me déride.

Et ce bonheur de vivre dont j'étais si avide
Cette douce liqueur, cette eau claire et limpide
Qui me désaltérait, cette gaieté liquide
S'est soudain transformée en un lac insipide.

Tous les mets délicats me paraissent fétides
Leur goût me semble amer, infâme, putride
Les rires enfantins, innocents et candides
N'éveillent plus ma joie et je reste placide.

Je mène mon navire mais sans avoir de guide
Et me trouve perdue entre ces eaux turbides
Ne sachant distinguer le sucré de l'acide
Et sans différencier le glacial du torride.

Mon cerveau est inerte, mais alors qui décide ?
Quel est cet étranger, ce fou liberticide
Qui chevauche mon âme en lui tenant la bride
Et rend mon libre arbitre totalement invalide ?

Tordons-lui donc le cou, à cet humanoïde
Car je veux que ce soit mon cher coeur qui préside
Laissons donc de côté, et les pensées morbides
Et les idées gris-noir, et les rêves sordides.

Et s'il nous vient un jour de penser au suicide
En se tranchant les veines ou bien la carotide
Vivons au jour le jour, voyons l'éphéméride
Si hier était terne, demain sera splendide.

Gravissons chaque marche de notre pyramide
Devenons un abri qui se reconsolide
Soyons une chenille devenue chrysalide
Et déployons nos ailes, en superbes sylphides.

A vous

A vous mes chers collègues, acolytes, mes pairs
A vous que je côtoie quasiment chaque jour
A vous dont j'ignorais l'existence encore hier
A vous qui aujourd'hui vous livrez sans détours.

A vous qui m'écoutez, que j'écoute en retour
A vous qui me touchez, à m'en briser le coeur
A vous âmes en peine et au passé si lourd
A vous belles personnes, implorant le bonheur.

A vous frères de pleurs et soeurs de désespoir
A vous si émotifs, si sensibles et si doux
A vous qui avez tant, tant peur de décevoir
A vous dont parfois rien n'apaise le courroux.

A vous qui existez dans le regard d'autrui
A vous êtres perdus cherchant le réconfort
A vous qui ne voulez surtout pas faire de bruit
A vous qui ignorez à quel point vous êtes forts.

A vous hommes ou femmes, que j'apprends à connaître
A vous femmes ou hommes, ayant perdu le goût
A vous mes frères d'armes, unis dans le mal-être
A vous chers camarades qui errez dans le flou.

A vous ayant vécu des faits insupportables
A vous ayant subi l'avandon ou le viol
A vous et à nous tous, à nos parcours instables
A vous, à nous, enfin, qui prenons la parole.

A vous si courageux d'être là aujourd'hui
A vous qui écoutez mes énièmes poèmes
A vous dont le regard plus désormais ne fuit
A vous qui vous laissez ici être vous-mêmes.

A vous mes chers amis, compagnons de galère
A vous dont le discours est si clair et si brut
A vous, à nous, grâce à l'aide de nos infirmières
A vous, à nous, ensemble, évitons la rechute.

Religion

Que tu sois catholique, juif ou bien musulman,
Explique-moi pourquoi, dis-moi surtout comment
Tu peux croire en un Dieu, une idôle, un messie
Quand les hommes s'entretuent sans pitié, sans merci.

Quand tu vois ta maison, ton foyer, notre Terre
Crever à petit feu d'un cancer pulmonaire
Quand toutes les espèces végétales, animales
S'éteignent peu à peu sous les tirs de nos balles.

Dis-moi donc où il est ton Jésus, ton prophète
Lorsque des journalistes se font trancher la tête
Et quand des pauvres gosses se font sodomiser
Par ces connards de prêtres, ces enfoirés d'curés ?!

Ton Jehovah se planque et fait semblant de rien
Quand les Israëliens tuent les Palestiniens
Et quand les croix gammées décimaient tous les Juifs
Dans leurs fours crématoires, il restait inactif.

Quant à ton Mahomet et sa foutue charia
Lui qui contraint les femmes à porter la burka
Celui au nom de qui deux espèces d'abrutis
Ont massacré Cabu et Charb et Wolinski.

C'est ça va te cacher, va te voiler la face
Car tes divinités sont des gros dégueulasses
Et continue d'prier et d'aller à confesse
Pour te faire pardonner toutes tes mains aux fesses.

Après tout c'est pas grave d'avoir battu ton môme
Ou d'avoir tabassé ta femme à grands coups d'paume
Puisque chaque dimanche, l'Eglise ou la Mosquée
Absoudra tes péchés, tu pourras r'commencer.

Je n'sais pas qui de toi ou moi est l'plus naïf
Toi qui crois en un Dieu justicier, un shérif
Ou moi la pacifiste, petite idéaliste
Tombée de mon nuage car ce monde est trop triste.

Moi j'ai bien l'impression que ton gourou barbu
Quand il nous a créés, il d'vait avoir trop bu
Parce que nous ne sommes qu'une horde de rats
Prêts à s'bouffer entre eux, pires que des piranhas.

Alors s'il y a quelqu'un qui tire les ficelles
De nos vies, nos destins, nous les polichinelles
J'crois qu'c'est plutôt Satan, Belzébuth, Lucifer
Qui a fait de la Terre un véritable enfer.

Il doit bien se marrer de voir sur ta poitrine
Cette petite croix dorée qui dodeline
Ou ton croissant de lune, ton étoile de David
Ces gri-gris ridicules qui te servent de guide.

Que veux-tu que j'te dise, si ça peut t'rassurer
De croire en l'au-delà, j'peux pas t'en empêcher
Moi ça fait bien longtemps que j'n'ai plus d'illusions
Vas-y, regarde ta messe à la télévision.

Mais toi le cul-bénit, le donneur de leçons
Ne viens pas me faire chier, me prends pas pour un con
A penser que toi seul vénère le vrai Dieu
L'unique et véritable, le miséricordieux.

Laisse à chacun le choix, laisse à chacun le droit
D'être athée, pratiquant, n'impose pas ta loi.
Après tout je m'en fous, j'n'en ai plus rien à faire
Mais faisons-nous l'amour au lieu d'nous faire la guerre.

Mon alexandrin

J'écris, j'écris, j'écris, je noircis tant de pages
J'y reviens, je rature, je gribouille de rage
Ne trouvant pas la rime ou le mot qui convient
J'ai un cahier des charges, je le suis, je m'y tiens.

Je suis revenue à mon addiction première
Ecrire des poèmes, des poésies en vers
Le douze est devenu mon numéro fétiche
Car il est l'addition de mes deux hémistiches.

Ô mon alexandrin, mon cher alexandrin
Grâce à toi la musique et les mots ne font qu'un.
Ce soir j'écris encore et j'écrirais toujours
Si ce beau crépuscule ne me cachait le jour.

La nouvelle aube se lève et je reprends ma plume
Le soleil est bien là, sous des nuages d'écume
Qui me laissent entrevoir une fine clarté
Amplement suffisante pour ouvrir mon cahier.

Et si l'inspiration parfois me fait défaut
N'ayant plus mon scalpel, je garde mon stylo
Je me force, je cherche un thème à aborder
Alors les mots me viennent et je me laisse aller.

Je libère mon âme par cette logorrhée
Je déverse l'amas de mes sombres pensées,
C'est comme un exutoire, une émancipation
De mes boulets et chaînes, c'est une expiation.

Ecrire est-il vraiment un réel soulagement ?
Je n'en suis pas si sûre parce qu'en écrivant,
Et je souffre et je pleure et je me fais violence,
Je me souviens, je brûle d'amour ou de vengeance.

Malgré tout j'aime ça et jamais ne me lasse
D'écrire, de laisser un sillon, une trace
Ô mon alexandrin, mon cher alexandrin
Si tu étais un homme, je demanderais ta main.

L'abîme de mon corps

Enfant garçon manqué et puberté tardive
Ce fut à 17 ans que mon corps explosa
Féminité soudaine, rapide, intensive
Je devins désirable, je devins une proie.

Et je fus si flattée que j'acceptais gaiement
Toute proposition de ces garçons en rut
Eux que l'on surnommait, bien sûr, des Don Juan
Quand je fus quant à moi qualifiée de p'tite pute.

Ce corps qui autrefois attirait les garçons
Et quelquefois aussi charmait même les femmes,
Ces petits seins pointus, ce joli fessier rond
J'en fais mon ennemi, aujourd'hui je le blâme.

Je le punis à coups de cutters et de lames
Car si j'avais été hideuse, répugnante
Je n'aurais pas connu tant de heurts et de drames
Je ne ressasserais pas ces faits qui me hantent.

Je grave sur mon corps des phrases et des lignes
Et fais couler mon sang, perles de désespoir
J'essaie d'évacuer par cette humeur maligne
Mes pensées les plus sombres, mes idées les plus noires.

Tout le monde me dit : "Oh tu te fais du mal !"
Mais c'est ce que je cherche, en effet, justement,
Tout le monde me dit : "Mais ce n'est pas normal !"
La norme est un concept, pour chacun, différent.

Mais je suis responsable, c'est moi que je maltraite
C'est bien moi qui m'arrache, seule, la peau des pieds
C'est aussi moi un jour qui me rasa la tête
Ai-je donc tant et tant de péchés à expier ?

Mais que signifie donc la scarification ?
Pourquoi graver ce derme et cette peau d'albâtre ?
Punition sanguinaire, auto-flagellation
Voici une réponse, donnée par ma psychiatre :

Lorsque l'on se fait mal, le cerveau réagit
Libérant dans le sang quantités d'endorphines
Et petit à petit, le corps s'anesthésie
Paisible, ayant reçu sa dose de morphine.

Ce corps si abîmé, je ne peux plus le voir
Car s'il faisait envie, maintenant il fait peur.
Je garde malgré tout un minuscule espoir
Qu'il cicatrise enfin, retrouvant sa splendeur.

La vie est une pute

La vie est une pute qui te drague, t'aguiche
Te faisant te noyer dans son regard de biche
Te faisant miroiter ses trop nombreux appas
Mais ses bijoux clinquants ne sont qu'un apparat.

Attiré par ses charmes, ses jolies boucles d'or
Tu la suis pas à pas dans ce long corridor
Croyant à ses promesses d'un avenir meilleur
Qu'entre ses bras charnus se fondront tes malheurs.

Ses doigts de fée glissant sur ton derme abimé
Tu goûtes quelque peu à l'espoir d'être aimé
Et tu te laisses aller un instant au plaisir
D'être entouré de joie, de bonheur, de désir.

Mais quand survient l'orgasme et que tu éjacules
Alors elle te jette en te disant "Recule !"
Tu en voudrais encore, mais c'est trop demander
Tu as payé ta dose, ne viens pas quémander.

Madame la putain a bien trop de clients
Estime-toi heureux d'avoir pu, un moment,
Entrevoir la clarté d'un bonheur éternel
Et laisser scintiller furtivement tes prunelles.

Ouais tu peux remballer ta bite et ton couteau
Quand la prostituée te susurre " A bientôt..."
Elle est déjà partie, rhabillée, bien trop loin
Et toi t'es comme un con, le calbuth à la main.

Tu sais plus qui tu es, toujours dans les étoiles
Le coeur plein de l'amour de cette mariée sans voile
T'as beau avoir atteint ce foutu septième ciel
Et goûté de ta langue cette saveur de miel.

Tu te retrouves seul, et encore, et toujours
Car les filles de joie ne sont là qu'un seul jour
Le reste de ton temps ici-bas est compté
Le lion qui vit en toi, va falloir le dompter.

Alors repars bosser, comme un bon patriote
Faut bien ram'ner d'la thune et porter la culotte
Va payer ton loyer, ta bouffe et tes impôts
Et qui sait, ptêt qu'un jour tu gagneras au loto.

A force de cocher des cases sur le comptoir
D'un énième bistrot où tu noies tes déboires
Tu touch'ras le jack-pot et tu feras fortune

Et tu croiras alors qu't'as décroché la lune.

Tu chercheras partout la belle courtisane
Qui a marqué ton corps et restes dans ton crâne
Cette salope de vie qui t'a fait croire au Ciel
Cette putain des faubourgs aux allures de pucelle.

Celle-là même qui t'a volé tes êtres chers
Celle qui a osé assassiner ton père
Elle qui en échange d'une pauvre caresse
A détruit ta candeur ainsi que ta jeunesse.

Bordel réveille-toi, ouvre les yeux mon pote
Ta princesse est partie s'enfermer dans les chiottes
S'taper un rail de coke et ton meilleur ami
La vie est une pute, eh ouais j'te l'avais dit...

Sans abri

Je n'ai plus de foyer, je me sens sans abri
Dès lors que fut scellée notre séparation
Du jour au lendemain et sans un préavis
Ce ne fut plus chez moi, ne fut plus ma maison.

Je m'y sens étrangère et je m'y fais discrète
Ne m'y arrêtant que pour manger et dormir
Pour y prendre une douche et faire ma toilette
Toute autre activité n'est plus que souvenir.

Tu ne m'as pas chassée, c'est moi qui me dérobe
Je ne peux plus rester, après notre rupture
La maison est immense mais j'y suis claustrophobe
Mon logis principal est, depuis, ma voiture.

Car cette automobile, j'y suis bien, je m'y plais
J'y suis libre d'écrire, de fumer et de boire
Et ce dans le silence, dans mon havre de paix
Où je me laisse aller, alors, à mes déboires.

Je ne sers plus à rien, je ne manque à personne
Le monde étant si vaste, on passe inaperçu
Mon mari, ma famille aujourd'hui m'abandonnent
Telle une poupée de chiffon qui ne sert plus.

Je pleure, vieille idiote, sur mes amours passées
Je verse des torrents de larmes inutiles
Car nulle autre que moi ne sait leur goût salé
Et nul autre ne voit ce corps que je mutile.

Il va pourtant falloir que je trouve un refuge
Pour mon âme esseulée qui s'effondre, qui tombe
Avant que ne s'abatte sur moi un déluge
De pleurs et que je doive creuser ma propre tombe.

La dépendance

Vaste thème pour moi, car ce mot : "dépendance"
En englobe plusieurs, finement corrélés
Alcool, amour, pétards, suivis d'accoutumance
On y est asservi, les pieds et poings liés.

Nos addictions ne sont que de tristes symptômes
De maladies plus lourdes : la bipolarité,
La dépression nerveuse ou tout autre syndrome
Etant toutes trop longues à diagnostiquer.

La dépendance, je la laisse me dominer
Je n'y résiste pas, ou alors bien trop peu
Mais petit à petit, je saurai la dompter
Eteindre ce brasier et inonder ce feu.

Je l'espère en tous cas car le combat est long
Difficile, saignant, semblant perdu d'avance
Ponctué de rechutes, de résignation
Il fait partie de moi et est mon fer de lance.

La dépendance c'est être comme en prison
Dont je suis à la fois geôlière et détenue
Je me sers à ras bord un verre de poison
Et je bois goutte à goutte ce Graal de ciguë.

Reste à trouver la clé qui me libèrera
De ce cercle vicieux, infernal, pernicieux
Elle est là cette clé, je sais bien qu'elle est là
Bien cachée dans mon coeur, tapie derrière mes yeux.

Les écrans

Je ne veux pas paraître aigrie ou rétrograde
En te disant qu'avant, avec mes camarades
On jouait simplement à la marelle, aux billes
Sans besoin d'un écran pour avoir une famille.

Et si on était seul, sans un frère ou une soeur
On enfourchait son bon vieux vélomoteur
Pour aller voir un pote et s'amuser ensemble
Pas besoin de Facebook pour savoir qu'on s'ressemble.

Tous les samedis soirs, après Michel Drucker,
On jouait au Trivial Pursuit avec mon père
Aux cartes, aux petits ch'vaux ou au Monopoly
J'étais pas sur Smartphone toute seule dans mon lit.

Si on cherchait d'un mot la signification
On prenait l'dictionnaire, voir sa définition
Aujourd'hui y a Google et puis Wikipédia
Et les enfants gobent tout ce que disent les médias.

Le soir pour le dîner, lorsque l'on passe à table
Pour prévenir tes gosses, faut sortir ton portable
Un texto à chacun, ça manque un peu de coeur
Mais rien n'est plus vital qu'un hashtag sur Twitter.

Moi je persiste à dire que rien n'remplace un livre
Pas besoin d'une liseuse froide comme le givre
Parce qu'un bouquin ça vit et ça pleure et ça rit,
C'est un vrai compagnon, c'est un arbre qu'on lit.

Bien sûr que j'utilise l'outil informatique
Mais on d'vient vite addict à son côté ludique
Alors mettons en garde nos gamins, nos ados
Car c'est dans la vraie vie qu'sont les réseaux sociaux.

Notre Meetic à nous ben c'était les troquets
C'est sur un fond d'musique que l'on se découvrait
Fallait appeler le fixe pour les premiers rencards
Au risque que décroche le daron en pétard.

C'était pas mieux avant, chuis pas réactionnaire
Je suis pour le progrès, pas l'retour en arrière
Mais les ordinateurs, c'est pas trop mon domaine
Et je trouve qu'un écran manque de chaleur humaine.

La cordée

J'en peux plus, j'en ai marre de gravir des montagnes
Pour chercher le bonheur sur des mâts de cocagne
Car quand j'arrive en haut et scrute l'horizon
Je me casse la gueule sans aucune raison.

Alors je dégringole tout au fond du ravin
Là où y a plus personne pour te tendre la main
Des fois j'me dis qu'c'est moi qui ai tranché ma corde
Pété mon mousqueton, que je m'auto-saborde.

Je me retrouve gelée, engourdie par le froid
Déboussolée, inerte, le coeur transi d'effroi
Me demandant pourquoi j'ai ce putain d'karma
Qui m'interdit l'accès aux clés du Nirvana.

Je reste là bloquée dans cette foutue congère
Je sais plus où je suis et qu'est-ce que ça peut faire ?
Tomber, se relever, ouais d'accord c'est bien beau
Mais quand ça fait cent fois eh ben t'en as plein l'dos

Tant pis j'en ai ma claque de déraper partout
De me prendre des gadins, des bleus plein les genoux
J'ai plus envie d'grimper, mon piolet est tordu
Mon sac est bien trop lourd, j'en ai vraiment plein l'cul !

Allez-y les amis, compagnons de cordée
Remontez sans attendre, ne venez pas m'aider
Laissez-moi donc crever dans mon cercueil de glace
Peut-être que là au moins, j'aurais trouvé ma place.

Avec et sans

Il y a des jours avec, il y a des jours sans
Des jours plein d'allégresse et de rires d'enfants
Il y a des jours amers, solitaires, sans joie
Et emplis de tristesse, de pleurs, de désarroi.

Il y a des jours heureux où l'on chante et l'on rit
Des jours voluptueux où l'on aime et l'on jouit
Certains jours sont funestes, nimbés d'âcres instants
Il y a des jours avec, il y a des jours sans.

Il y a des jours sans, il y a des jours avec
Avec des chants d'oiseaux et sans prise de bec
Cette musique aviaire, infinie mélodie
Efface alors un peu notre mélancolie.

Mais il est des moments où le chant du moineau
Se voit soudain couvrir par celui du corbeau
Ses croassements résonnent en nous comme un échec
Il y a des jours sans, il y a des jours avec.

Il y a des jours avec, il y a des jours sans
Sans gaieté, sans amour, sans aucun sentiment
Sans plus aucun espoir, sans plus aucune foi
En un Dieu, une idôle, en un je-ne-sais-quoi

S'il existe, ce Dieu, qu'il stoppe, qu'il arrête
De faire de nos âmes ses propres marionnettes
Qu'il nous libère enfin de nos boulets pesants
Qu'on puisse faire avec, qu'on puisse faire sans.

Amours poétiques

"Il pleure dans mon coeur comme il pleut sur la ville"
Ecrivait en son temps mon ami Paul Verlaine
Ce vers n'a pas vieilli, il est indélébile
Tant cette image est vraie, parlante bien qu'ancienne.

Car aujourd'hui encore, il pleut sur la campagne
Et mon coeur lui aussi est inondé de pleurs
"J'irai par la forêt, j'irai par la montagne"
Disait Victor Hugo, un de mes chers auteurs.

Où que j'aille, ce coeur reste six pieds sous terre
Il est percé d'un trou béant, sanguinolent
Pas "un trou de verdure où chante une rivière"
Oh non Monsieur Rimbaud, dans mon coeur plus de chants.

"Ô temps, suspends ton vol" déclamait Lamartine
J'aimerais quant à moi qu'il revienne en arrière
Effacer mes erreurs, mes luttes intestines
Ni le vent ni la pluie n'effacent mes ornières.

"Sois sage ô ma douleur, et tiens-toi plus tranquille"
J'avais gravé ce vers sur ma cuisse, dans ma chair
Comme une litanie, cette phrase fragile
Est forcément sublime : elle est de Baudelaire.

Mais la douleur est là, toujours, en profondeur
Au creux d'un palpitant qui ne bat plus pour rien
"La courbe de tes yeux fait le tour de mon coeur"
Que ce vers d'Eluard, j'en fasse enfin le mien.

Pour donner à ce coeur une raison de vivre
Quoi d'autre que l'amour ? Je ne peux faire sans.
Ni Mallarmé, Ronsard, ni aucun de mes livres,
Rien ne peut supplanter l'ardeur du sentiment.

L'automne de mon coeur

Le crépuscule tombe en ce jour automnal
Le vent fort fait claquer les quelques volets bas
Les feuilles tourbillonnent, invitant dans leur bal
Les sinueux méandres de mon coeur si las.

Une faible lueur perce les noirs nuages
C'est la lune vaillante, aujourd'hui presque pleine
Qui mène son combat contre ce soir d'orage
Pour éclairer un peu mon coeur empli de peine.

Hélas elle a perdu, déjà, cette bataille
La froide obscurité envahit la campagne
Et les quelques oiseaux rejoignent leur bercail
Tandis que mon coeur lourd attend qu'on l'accompagne.

La pluie vient renforcer cette soirée lugubre
Par ses larmes funestes, perles de désarroi,
Qui rendent l'atmosphère oppressante, insalubre
Ne faisant que glacer mon coeur déjà si froid.

Maudit sois-tu Octobre, et tes viles tempêtes
Qui continuent leur danse en ton frère Novembre
Tous deux sonnez le glas par vos mornes trompettes
De l'été de mon coeur, prisonnier de Décembre.

Tes couleurs sont pourtant si belles, chatoyantes,
Quand les feuilles des arbres virent à l'orangé
Au rouge, à l'ocre, au brun, palette flamboyante
Mais mon coeur est aveugle et vit les yeux bandés.

Solitude

Sur certains d'entre nous pèse la solitude
Comme un fardeau dorsal, comme une servitude
Dont on se sent vassal, tombé dans l'hébétude
Victime de la vie et ses vicissitudes.

Or nous sommes Légion, nous sommes multitude
Nous sommes des millions, et ce du nord au sud
Malgré tout nous restons, sous quelque latitude,
Encore et toujours face à notre solitude.

Lassés de l'existence et de ses turpitudes
Nous nous laissons sombrer dans la décrépitude
Quelquefois soumis à une forte assuétude
Qui nous ancre profond dans notre solitude.

Parfois ce sont les autres et leur ingratitude
Parfois juste nous-mêmes et notre lassitude
De notre quotidien et de nos habitudes
Qui nous renvoient l'image de notre solitude.

Quand on est fatigué et dans l'incertitude
Quand on est épuisé, toujours dans l'inquiétude
Quand on est convaincu de son inaptitude
Quand on est accroché à cette solitude

Alors soufflons un peu, montons en altitude
Ecoutons Beethoven ou Bach et son prélude
Et essayons d'atteindre la béatitude
En laissant de côté l'amère solitude.

Augmentons le volume, prenons de l'amplitude
Changeons notre discours, changeons notre attitude
Et ayons pour nous-mêmes quelque mansuétude
Afin d'accéder à l'état de plénitude.

Mon Panthéon

Je voudrais me créer mon propre Panthéon
En choisissant moi-même mes Dieux et mes Déesses
J'y remplacerais Zeus par le bel Apollon
En tant que maître et roi d'amoureuses caresses.

J'en chasserais bien sûr le maudit Dionysos
Lui qui créa ma perte en incarnant les vignes
Qu'il se consume dans le feu d'Héphaïstos
Bouté hors de l'Olympe, il en est trop indigne.
La divine Aphrodite, reine de la beauté
Siègerait fièrement, alanguie, sensuelle
Auprès d'Héra, la mère de fécondité
Et Déméter veillant aux moissons annuelles.

J'en exclurai Arès, belliqueux et violent
Lui préférant Hestia, incarnant le foyer
Poséidon son frère régnant sur l'Océan
Et je ferais d'Hermès mon propre messager.

Artémis, de sa Lune, illuminerait mes nuits
Athéna quant à elle m'apprendrait la sagesse.
Il n'en reste plus qu'un et que faire de lui ?
Lui le Dieu de la Mort, des Enfers, lui Hadès.

Lui je le combattrais, je franchirais le Styx
J'atteindrais les méandres de l'affreux Purgatoire
Où je tuerais Cerbère, crevant ses yeux d'onyx
Et mon âme perdue chercherait à savoir

Pourquoi moi fermement ancrée dans l'athéisme,
Sans doute depuis que mon père est décédé,
Je me découvre une foi dans le polythéisme
Car je ne veux pas croire qu'il soit évaporé.

J'aime à l'imaginer entouré de ses frères
Dans ce faux Paradis que je me suis créée
Et qu'il ait enfin pu y retrouver sa mère,
Pour effacer l'horreur du mot : "incinéré".

La musique

La musique est un Art, et avec un grand A
Car elle s'adresse à nous, à nos sens, nos émois
Devançant la peinture, la sculpture, le dessin,
Musique et poésie selon moi ne font qu'un.

Mais même sans paroles, je défie l'un ou l'une
D'être insensible à la Sonate au Clair de Lune
Beethoven ou Mozart, Bach et surtout Chopin
Avaient un tel talent qu'il tenait du divin.

Chacun peut écouter, certains savent jouer,
Mais il faut du génie pour pouvoir composer.
Ecrire chaque note, maîtriser le solfège,
Manipuler le rythme et manier les arpèges.

J'insère le CD, je branche la platine
Et déjà des frissons me parcourent l'échine.
Fébrilement, j'écoute les premières mesures
Et mon corps et mon âme partent à l'aventure.

Quand la réalité devient trop difficile
J'ouvre grand mes oreilles et alors je jubile
J'ai le coeur qui palpite, les chairs qui se hérissent
Je n'entends plus rien d'autre que les notes qui glissent.

Et parfois je ne peux m'empêcher de chanter
Surtout lorsque j'écoute mon groupe préféré :
Queen et son merveilleux Bohemian Rhapsody
Aucun chanteur n'égale Freddie Mercury.

Sa voix, sa tessiture, son unique élégance,
Sa musicalité et son extravagance
Lui parti bien trop tôt de ce foutu SIDA
Lui qui dans notre coeur à jamais restera.

Et encore aujourd'hui, submergée d'émotion,
Lorsque j'entends sa voix, écoute ses chansons,
Son sublime duo avec David Bowie
Je sanglote éperdue car tous deux sont partis.

Voilà donc un des rares plaisirs qu'il me reste
Dans ce monde insensé qui crève, qui empeste
De remugles moisis, d'odeurs de déchéance,
La musique est une de mes dernières chances.

Charles

Tu nais le 9 avril 1821
Nous sommes aujourd'hui en 2021
Cette année marque donc un cher bicentenaire
Je te souhaite un posthume bon anniversaire.

Tu étais donc Bélier, comme mon fils et moi
Lui du 8, moi du 11, je te sens près de moi.
Tu mourus au mois d'août 1867
Et 110 ans plus tard, je naissais, mon poète.

Il ne m'en faut pas plus pour croire en notre amour
Je sais que je ne peux rien attendre en retour
Mais je suis malgré moi folle de jalousie
Quand tu évoques Jeanne, Apollonie, Marie.

Trois femmes de ta vie, tes égéries, tes muses
Qui t'ont certes inspiré, mais qu'aujourd'hui j'accuse
D'avoir pu partager la chaleur de ta couche
D'avoir pu embrassser ta délicieuse bouche.

Que ne suis-je donc née 150 ans plus tôt ?
Nous nous serions croisés et alors, aussitôt,
Nos yeux auraient flambé, ma main frôlant la tienne
Et j'aurais tout donné pour que je t'appartienne.

Car tout ce que j'écris, mon doux, je te le dois
Tu m'as donné le goût, tu m'as donné la joie
De déchiffrer, de lire et d'écrire sans fin
D'innombrables poèmes en alexandrins.

J'irais jusqu'à Paris, au cimetière Montparnasse
Jusqu'à te déterrer pour chérir ta carcasse
Faut-il que je sois folle, ô mon Charles, mon cher
Mon tendre et merveilleux, mon amour : Baudelaire.

Amour charnel

Je voudrais qu'en mon coeur un amour s'enracine
Qu'il y plante sa graine et qu'il y refleurisse
Et ne pas faire mien ce vers de Jean Racine :
"Sans que jamais Titus puisse voir Bérénice".

Car malgré les remous qu'il a déjà connus
Malgré tous ses regrets, malgré tous ses remords
En dépit des combats qu'il a menés, perdus,
Mon coeur garde l'espoir de palpiter encore.

Frissonner à la vue d'une haute silhouette,
D'un regard envoûtant, de bras réconfortants
Et être émoustillée par un poitrail d'athlète
Au creux duquel se cache un duvet buissonnant.

Connaître un nouveau corps aux épaules solides,
Par des mains rassurantes être encore effleurée
Faire sienne ma bouche dont les lèvres avides
N'attendent que le goût du nectar d'un baiser.

Laisser poser mon cou sur un torse puissant
Où je m'endormirais, confortable oreiller
Les cheveux emmêlés, le regard pétillant
Après un corps-à-corps délicieux, enfiévré.

Ma belle trilogie : mon coeur, mon corps, mon âme
Refuse que l'amour soit une oeuvre posthume
Que ce divin flambeau, cette sublime flamme
Reste un ardent brasier, que rien ne le consume.

Car tout en moi exige, veut, réclame et ordonne
Que le Mâle s'invite en mon foyer charnel
Brûlant de mille feux et bouillonnant d'hormones
Qu'il vienne se poser sur mon sein maternel.

Qu'il caresse ma peau du front jusqu'aux chevilles
S'arrêtant çà et là quand il sent que je vibre
Qu'il goûte mes saveurs aux accents de vanille
Qu'il me fasse frémir et me déséquilibre.

Qu'enfin il me saisisse, m'agrippe, m'empoigne
Fort et doux à la fois, les pouces sur mes hanches
Qu'il trouve son chemin et que je le rejoigne
Que notre amour déferle tel une avalanche.

Qu'il n'y ait rien de plus fort que ces instants repus
Où nous serions tous deux essoufflés et exsangues
Enivrés de passion et sevrés d'amour cru
Un doux regard complice liant nos coeurs qui tanguent.

Alcool

A toi maudit alcool qui me tient compagnie
Depuis plus de vingt ans, le jour comme la nuit
Toi que je croyais être un joyeux camarade
Tu t'es joué de moi, ô vile mascarade.

Ado, je m'enivrais de tes douces liqueurs
Naïve comme le sont les jeunes filles en fleur
Je ne voyais qu'en toi l'aspect récréatif
Négligeant tous tes autres qualificatifs.

Car tu t'insinuais en moi tel un serpent
Se coulant dans ma gorge, insidieusement
Tes cheveux de Gorgone atteignaient mon cerveau
L'encerclant de vipères crachant leur venin chaud.

Je m'abreuvais alors insouciante et candide
A ta source ô combien délicieuse et perfide
Je me désaltérais et étanchais ma soif
En ignorant que je gravais mon épitaphe.

Oui j'ai bu ton calice, et ce jusqu'à la lie
Pensant que tu étais nectar et ambroisie
J'ai bu jusqu'à l'ivresse, au vertige, à la transe
Et sans m'en rendre compte, jusqu'à la dépendance.

Tu ne mérites pas d'être appelé "boisson"
Car tu n'es qu'un infâme, un putride poison,
Un fléau dangereux, néfaste, pousse-au-crime
Qui fait jour après jour de plus amples victimes.

Je le sais, je le dis que tu es une drogue
J'écoute les psychiatres et les addictologues
Et pourtant aujourd'hui, pitoyable ironie,
J'écris ces quelques vers en buvant du whisky...

Inspiration

J'écris tant que j'ai peur qu'inéluctablement
Un jour tombe sur moi cette terrible angoisse
Que chaque auteur connaît et qui crée son tourment :
L'immaculée blancheur d'une page qu'on froisse.

Deux, trois mots griffonnés, laissant insatisfait
Quelques pauvres rimes et sans profondeur aucune
Trop de colère en soi écrite à l'imparfait
Trop de mots emmêlés, un brouillon de rancune.

Aussi pour apaiser ma plume qui s'affole
Et chasser loin de moi les humeurs parasites
Pour coucher sur papier quelques jolies paroles
J'invite alors les muses à me rendre visite.

Où es-tu Erato ? Toi qui inspiras tant
De poètes maudits par ton souffle lyrique
Viens donc accompagner mon esprit balbutiant
Toi l'égérie de tant de chants mythologiques.

Nous voilà toutes deux, accueillons Terpsichore
La muse de la danse et ta petite soeur
Mais il reste une place, un siège libre encore
Pour laisser s'y asseoir la muse de mon coeur.

La dénommée Euterpe, reine de la musique
Et de la poésie, des sonnets amoureux
Je suis quatre à présent dans mon cerveau limbique
Mais la seule à pouvoir transcrire le vaporeux.

Aidez-moi s'il-vous-plaît, mes troies amies antiques
Laissez-moi m'imprégner de votre inspiration
Ne m'abandonnez pas, chantez-moi vos cantiques
Que chaque jour j'accède à l'illumination.

Une branche morte

Je vois par la fenêtre une branche de bois mort
Elle gît sur un champ, brisée par le vent fort
Couverte de lichen, improbable linceul
Elle a quitté son arbre, allongée, toute seule.

Celui-ci la regarde, amputé de son membre
Maudissant les rafales de ce mois de Novembre
Jamais plus un bourgeon ne pourra y éclore
Plus de feuilles, de fleurs, de fruits multicolores.

Pourtant elle repose sur un lit de semis
Où déjà les graines se sont épanouies
Cela ne change pas son funeste destin :
Les lombrics affamés feront d'elle un festin.

Chère branche, ma soeur, je me sens ton égale
Je me suis effondrée de l'arbre conjugal
Comme toi je n'ai plus ni bourgeons, ni racines
Et j'attends patiemment que le Temps m'assassine.

Amour conjugué

Ma vie ne se conjugue plus qu'à l'imparfait
Au passé composé et au plus-que-parfait
Au passé simple ou même au passé antérieur
Ma vie grammaticale est déjà postérieure.

L'indicatif présent pour moi n'existe plus
Pas plus que le futur, cet illustre inconnu
Tous les verbes ne sont que du conditionnel
"Et si, et si, et si...", ma belle ritournelle.

Sur mon papier buvard, je voudrais tant gommer
Les erreurs que j'ai faites, les gens que j'ai blessés
Retourner sur les bancs de l'école primaire
Pour y réinventer la pénible grammaire.

J'en garderais un verbe, un seul uniquement
Qui se conjuguerait au futur, au présent
Un des plus beaux qui soient, toujours inégalé
Le tendre et merveilleux qu'est le verbe "aimer".

Marge

J'ai l'amer sentiment d'avoir vécu en marge
De ma propre existence, d'en être la décharge
Je ne suis qu'un brouillon, un pauvre détritus
Une vaste poubelle que l'on met au rebut.

Mon rêve aurait été d'être une page blanche
Qui se serait emplie, du lundi au dimanche,
D'amour et de bonheur, d'insoupçonnés rivages
De désirs accomplis et d'infinis voyages.

Mais la réalité rattrape la fiction
Cet éclatant papier est noirci de questions
Pourquoi, où et comment en suis-je arrivée là ?
Est-ce trop demander ? Ai-je mérité ça ?

Comme un Petit Poucet semant ses blancs cailloux
Je cherche mon chemin en prenant garde au loup;
Mais immanquablement je le croise, il me croque
Et de mon corps entier ne reste qu'une loque.

J'essaie de m'évader par le biais poétique
De cette vie maussade, minable, erratique
Rien n'y fait car toujours je me sens étrangère
Dans cette marge étroite où je suis prisonnière.

Le 5ème élément

Ma terre, ma patrie, ô toi qui me vis naître
Mes racines, mon champ, toi mon père et ma mère
Mon cher terreau fertile qui laissa apparaître
Mes bourgeons, mes plantules et mes branches premières.

Bien vite balayées par Eole et ses vents
Mes feuilles juste vertes, mes fleurs à peine écloses
Se virent décimées sans avoir eu le temps
De devenir des fruits au doux parfum de rose.

Des trombes de chagrin et des torrents de pluie
S'abattirent sur moi, plante inondée de larmes
Réduisant à néant l'arbuste que je suis
Le laissant assourdi par l'humide vacarme.

Une tige pourtant repoussa de plus belle
En tentant vainement d'atteindre le soleil
Comme Icare en son temps, elle se brûla les ailes
Et servit de repas aux vers et aux corneilles.

Voilà le résumé de ma vie végétale
Un arbre desséché, à vif, sans écorce
Une fleur putrescente et privée de pétales
Malgré tout je persiste à croire en une force

Un cinquième élément à nul autre pareil
Que ni le vent ni l'air ni le feu ni la terre
Ne sauraient surpasser, une ultime merveille
J'ai dénommé l'amour : grand A.M.O.U.R

Sans toi

Saurai-je encore écrire privée de mon absinthe
Cette fée verte et bleue aux allures de sainte ?
Elle virevoltait, dansait devant mes yeux
Laissant dans son sillage un halo lumineux.

De son dard acéré, elle piquait ma peau
Et transperçait mon crâne, atteignant mon cerveau
Elle m'inoculait son venin, son poison
Que je croyais utile à mon inspiration.

Divine magicienne, égérie éthérée
Je vois clair dans ton jeu, chère petite fée
J'aperçois la sorcière sous tes traits angéliques
Tu m'as jeté un sort, déesse maléfique.

Je te voyais planer au-dessus de mes lèvres
En cercles concentriques, à m'en donner la fièvre
De chacun de tes doigts perlait de l'éthanol
Qui tombait sur ma langue, brûlée au vitriol.

Aujourd'hui je te chasse, insecte indésirable
Abeille empoisonnée, luciole détestable
Une à une je coupe tes pattes liquoreuses
Et fais se consumer tes ailes vaporeuses.

Ton sourire édenté me nargue encore fièrement
De ta voix doucereuse, tu me parles et tu mens :
-"Sans moi tu n'es plus rien, rien qu'une catastrophe !"
-"C'est pourtant bien sans toi que j'ai écrit ces strophes !"

Guerre

L'armistice entre nous aura duré deux jours
Déjà tu redéploies tes ailes de vautour
Tu renais de tes cendres ainsi que le Phénix
En infernal requin, tu émerges du Styx.

Tu viens me provoquer, tu veux croiser le fer
Pour la énième fois, tu déclares la guerre
Tu me réquisitionnes et m'appelles au combat
Toi le grand Général, moi le petit soldat.

J'enfile mon armure, en preuse chevalière
Dégaine mon épée, vaillante mousquetaire
J'invoque les Dieux grecs : Athéna et Arès
A me venir en aide, fantassin en détresse.

Dès le matin commencent les hostilités
Tu m'attaques de front, soulèves ton armée
Qui se cache en mon sein, à l'intérieur de moi
Car je ne suis rien d'autre que ton cheval de Troie.

C'est une guerre civile, un duel fratricide
Une bataille interne, un éternel suicide
Dont tu sors chaque fois indemne et victorieuse
Car immanquablement je capitule, honteuse.

Faudrait-il que je soie Guillaume Le Conquérant
Ou que tel Hannibal, je m'arme d'éléphants
Pour que je puisse enfin sonner ton hallali
T'étranglant de mes mains, toi, ma pire ennemie ?

Que tu sois masculin, féminin, peu m'importe
Je t'en supplie, arrête de frapper à ma porte
Que tarisse ta source de spiritueux
Je n'en peux plus de toi, pitié, cessons le feu.

Table des matières

Printed by Books on Demand GmbH, Norderstedt / Germany